جيني وفشل ذبابة الفاكهة

حل المشاكل

مارسي شاف

Arabic

JENNY AND THE FRUIT FLY FIASCO

Problem Solving

Marcy Schaaf

Arabic

Copywrite 2023 @ مارسي شاف
جيني وذبابة الفاكهة الفشل
الذريع!

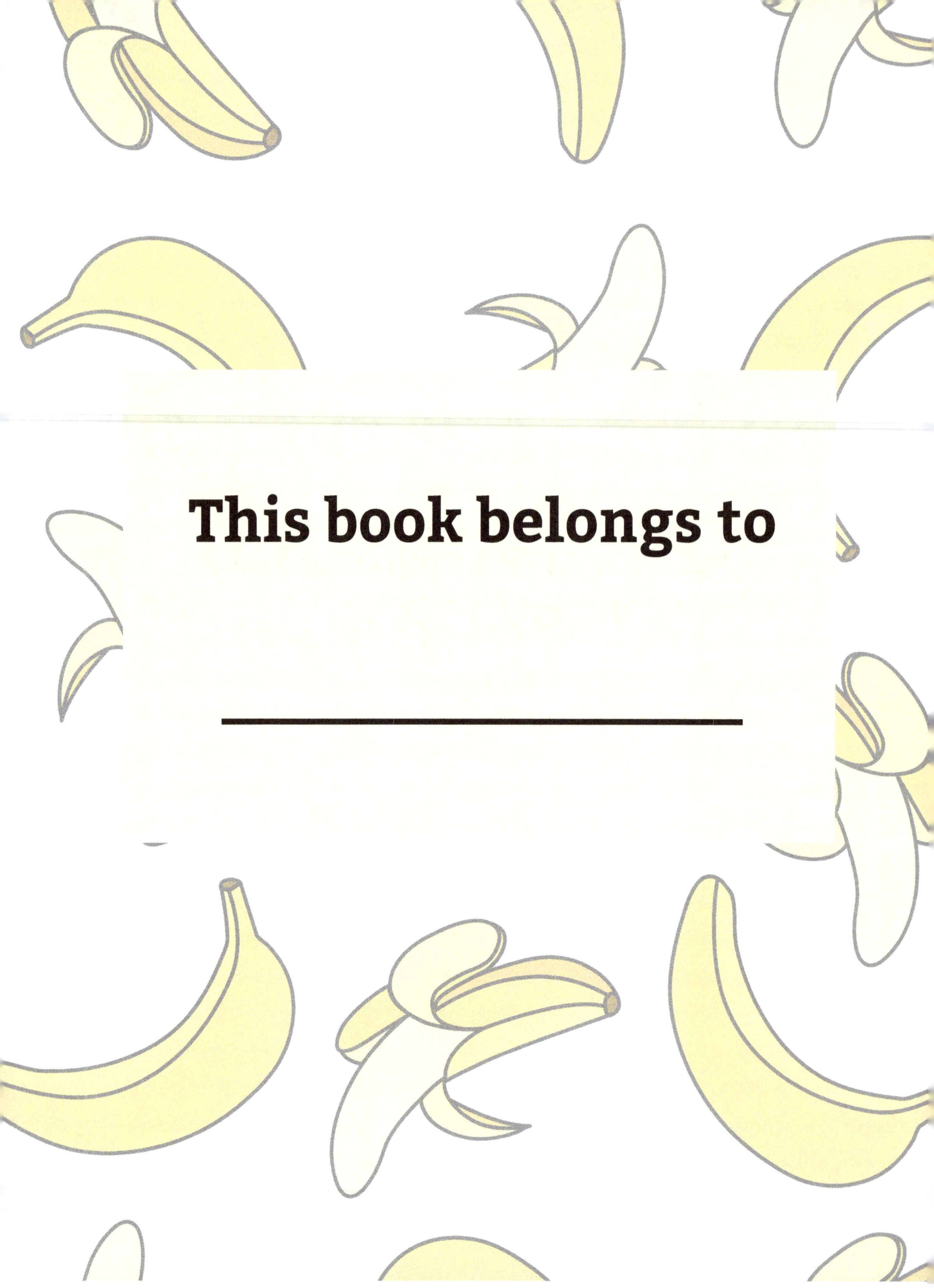

This book belongs to

هذا الكتاب ينتمي إلى

____

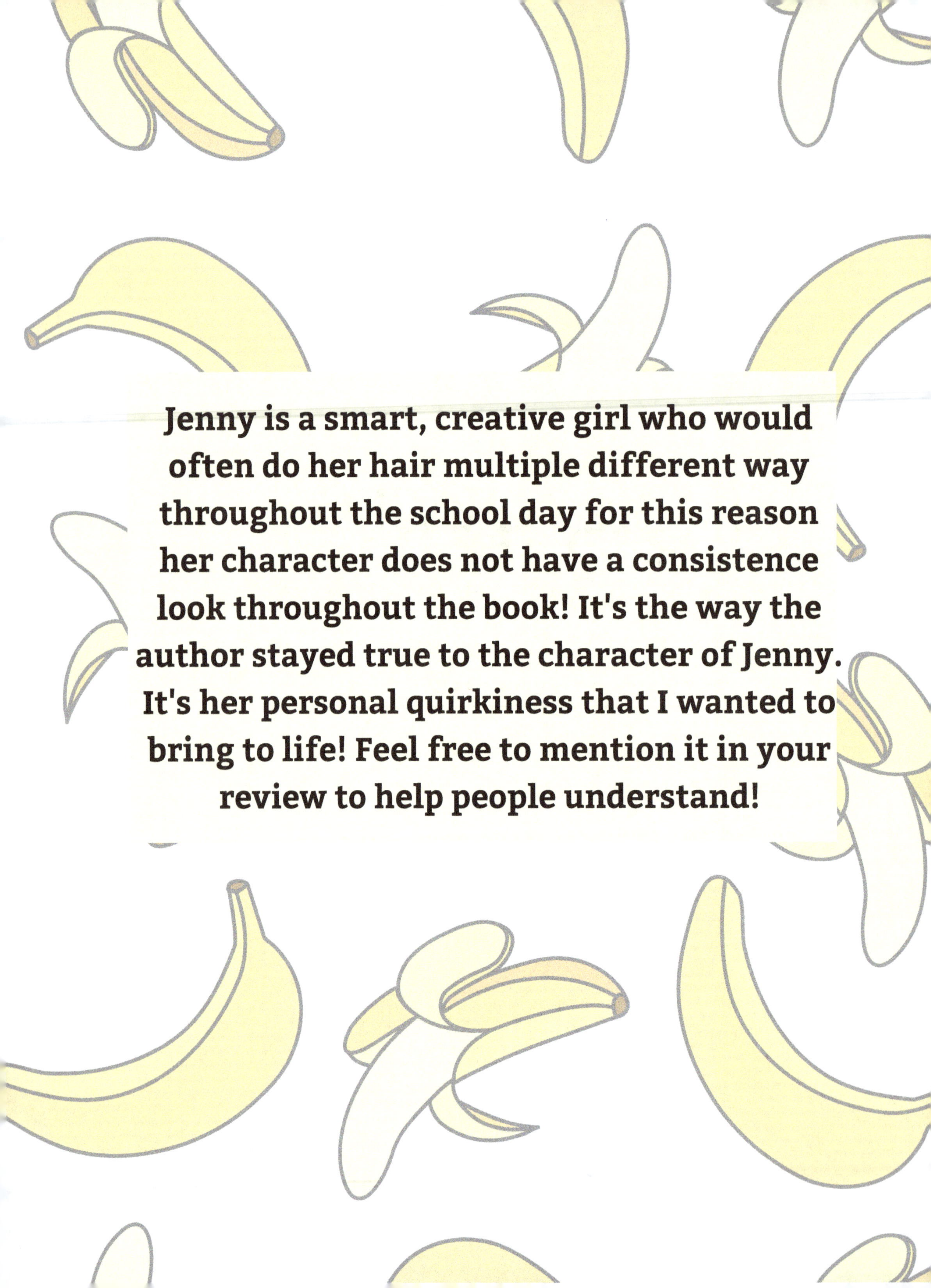

Jenny is a smart, creative girl who would often do her hair multiple different way throughout the school day for this reason her character does not have a consistence look throughout the book! It's the way the author stayed true to the character of Jenny. It's her personal quirkiness that I wanted to bring to life! Feel free to mention it in your review to help people understand!

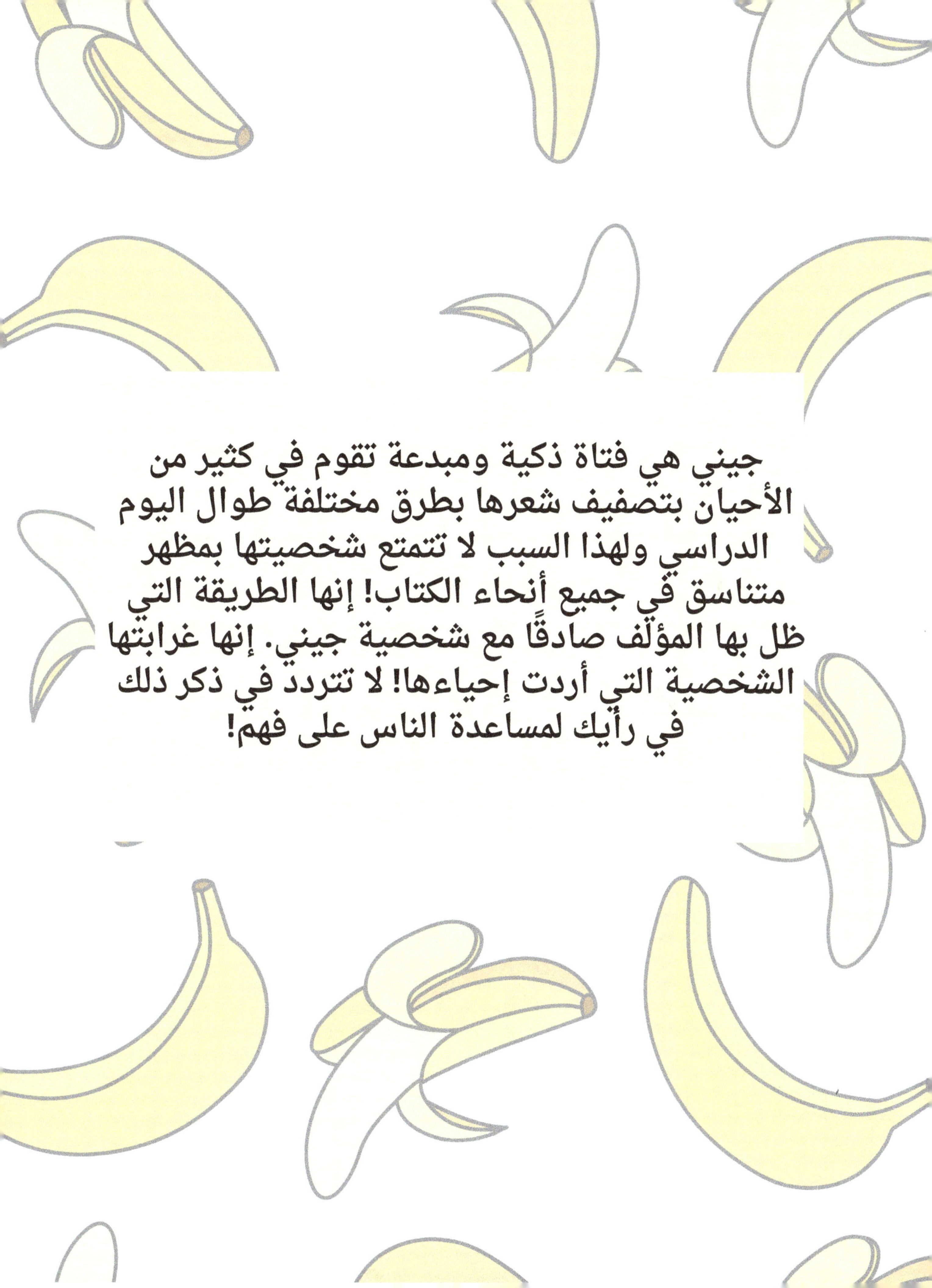

جيني هي فتاة ذكية ومبدعة تقوم في كثير من الأحيان بتصفيف شعرها بطرق مختلفة طوال اليوم الدراسي ولهذا السبب لا تتمتع شخصيتها بمظهر متناسق في جميع أنحاء الكتاب! إنها الطريقة التي ظل بها المؤلف صادقًا مع شخصية جيني. إنها غرابتها الشخصية التي أردت إحياءها! لا تتردد في ذكر ذلك في رأيك لمساعدة الناس على فهم!

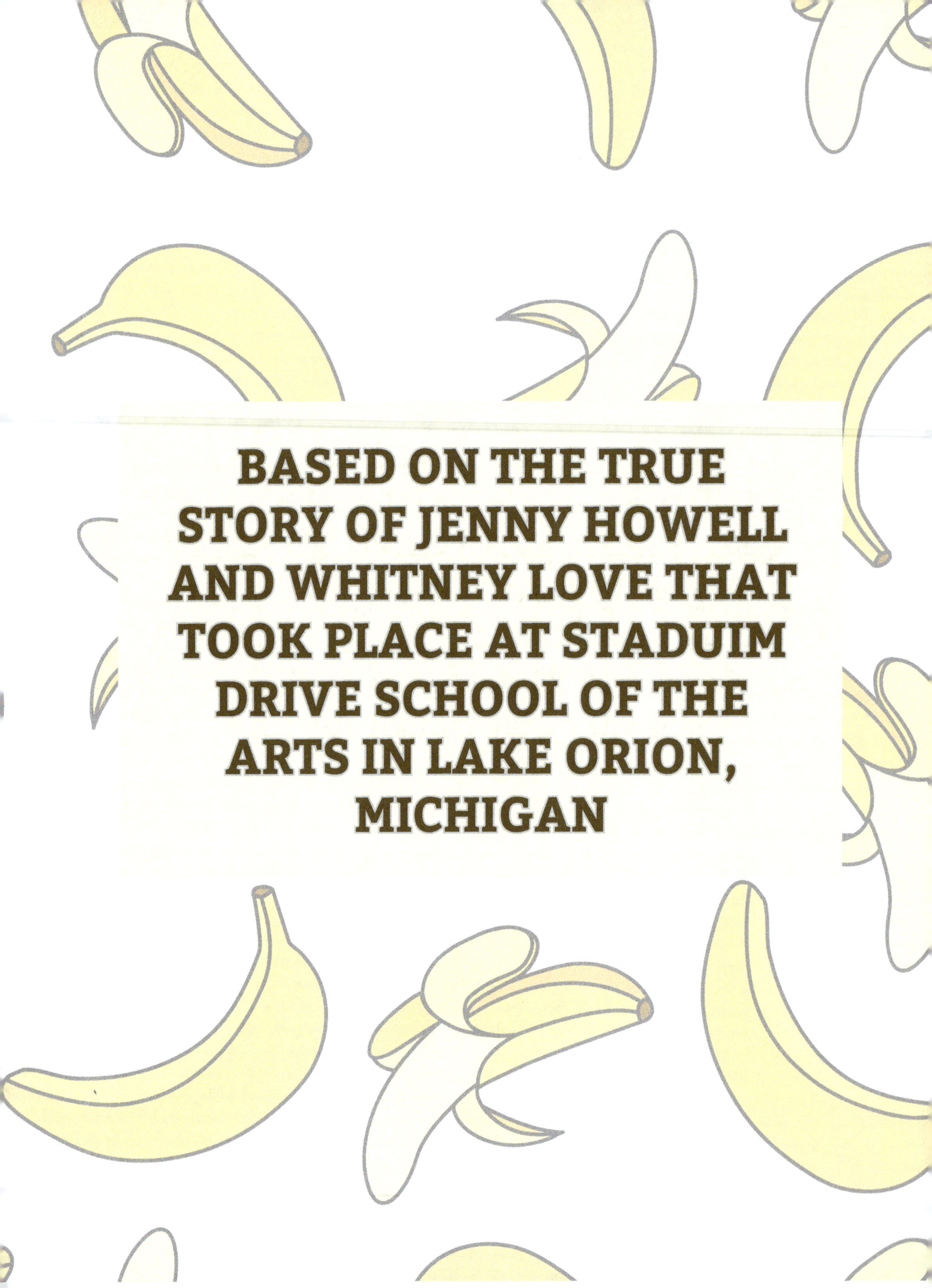
BASED ON THE TRUE
STORY OF JENNY HOWELL
AND WHITNEY LOVE THAT
TOOK PLACE AT STADUIM
DRIVE SCHOOL OF THE
ARTS IN LAKE ORION,
MICHIGAN

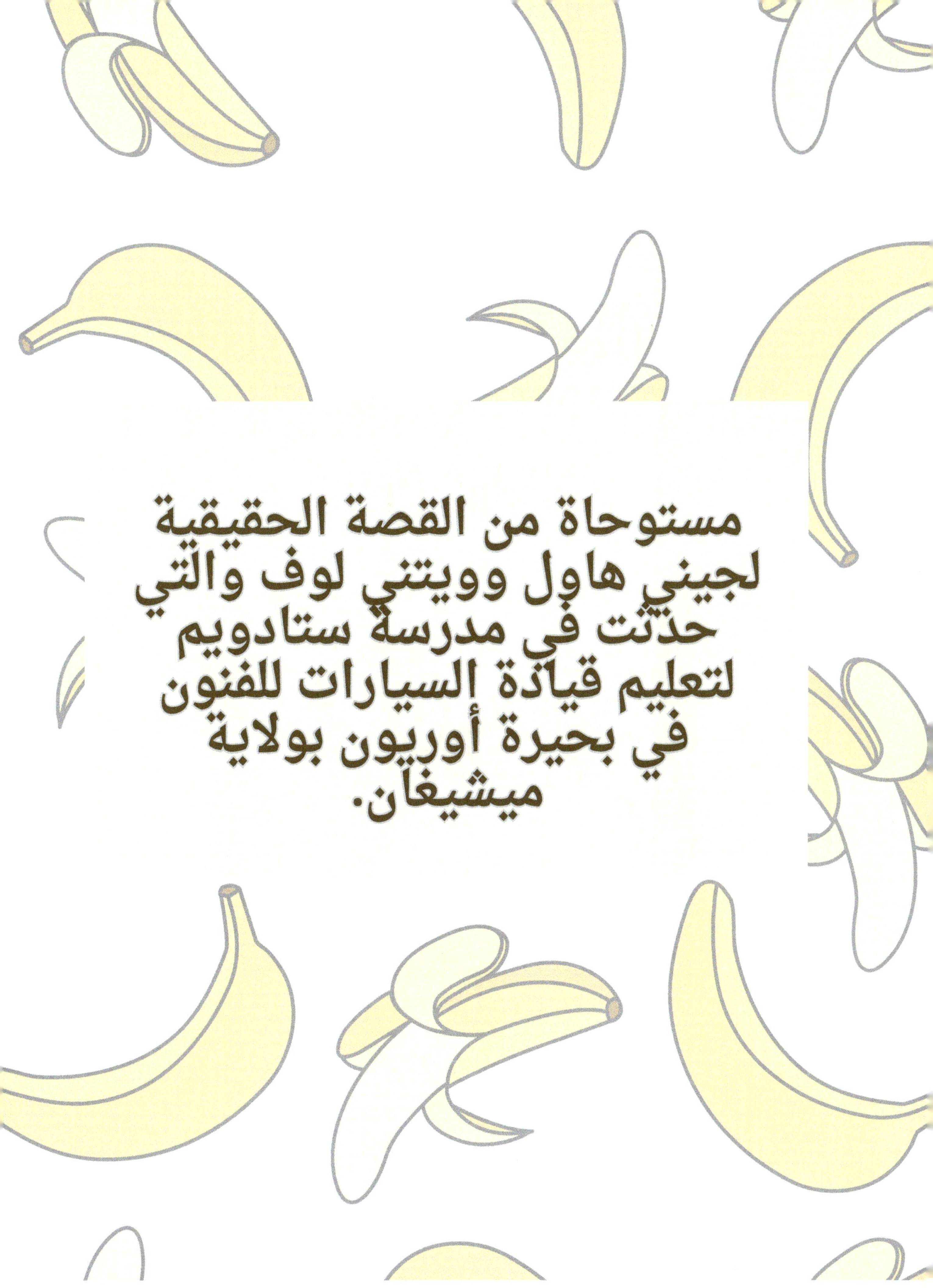

مستوحاة من القصة الحقيقية
لجيني هاول وويتني لوف والتي
حدثت في مدرسة ستادويم
لتعليم قيادة السيارات للفنون
في بحيرة أوريون بولاية
ميشيغان.

DEDICATED TO JENNY HOWELL AND WHITNEY LOVE WHO ARE STILL BEST FRIENDS TODAY.

مخصص لجيني هاول وويتني لوق اللذين لا يزالان أفضل الأصدقاء حتى اليوم.

ONCE UPON A TIME IN A SCHOOL NAMED STADIUM,
WAS A GIRL NAMED JENNY,
HER DAY WAS RANDOM.

في يوم من الأيام في مدرسة اسمها ستاديوم، كانت هناك فتاة اسمها جيني، كان يومها عشوائيًا.

JENNY WAS BUSY,
SHE HAD SO MUCH TO DO,
BUT A BANANA SHE FORGOT IN HER
LOCKER, OOPS, THAT'S TRUE!

كانت جيني مشغولة، وكان لديها الكثير لتفعله، لكن الموزة التي نسيتها في خزانتها، عفوًا، هذا صحيح!

THE WEEKEND WENT BY,
DAYS TURNED INTO NIGHT,
AND A FRUITY SURPRISE WAITED,
OUT OF SIGHT.

انقضت عطلة نهاية الأسبوع، وتحولت الأيام إلى ليل، وكانت تنتظرنا مفاجأة فاكهية بعيدة عن الأنظار.

MONDAY MORNING CAME,
JENNY OPENED HER DOOR,
FRUIT FLIES SWARMED OUT;
SHE COULDN'T TAKE IT ANYMORE!

جاء صباح يوم الاثنين، وفتحت جيني بابها، وخرج ذباب الفاكهة؛ لم تعد قادرة على تحمله بعد الآن!

BUZZING AROUND HER BOOKS,
BUZZING IN THE AIR,
JENNY WAS EMBARRASSED,
IT JUST WASN'T FAIR.

كانت جيني تشعر بالحرج وهي تتجوّل حول كتبها وترتفع في الهواء، لكن هذا لم يكن عادلاً.

SHE RUSHED TO EACH CLASS, NO TIME TO WASTE,
AVOIDING CURIOUS EYES, SHE MOVED IN GREAT HASTE.

هرعت إلى كل فصل، دون إضاعة أي وقت، وتجنبت أعين الفضوليين، وتحركت بسرعة كبيرة.

"MAY I HAVE A HALL PASS?"
JENNY ASKED WITH A GRIN,
SHE NEEDED TO GET HER BOOKS
WITHOUT CHAOS WITHIN.

"هل يمكنني الحصول على تصريح دخول إلى القاعة؟" سألت جيني بابتسامة: كانت بحاجة للحصول على كتبها دون فوضى في الداخل.

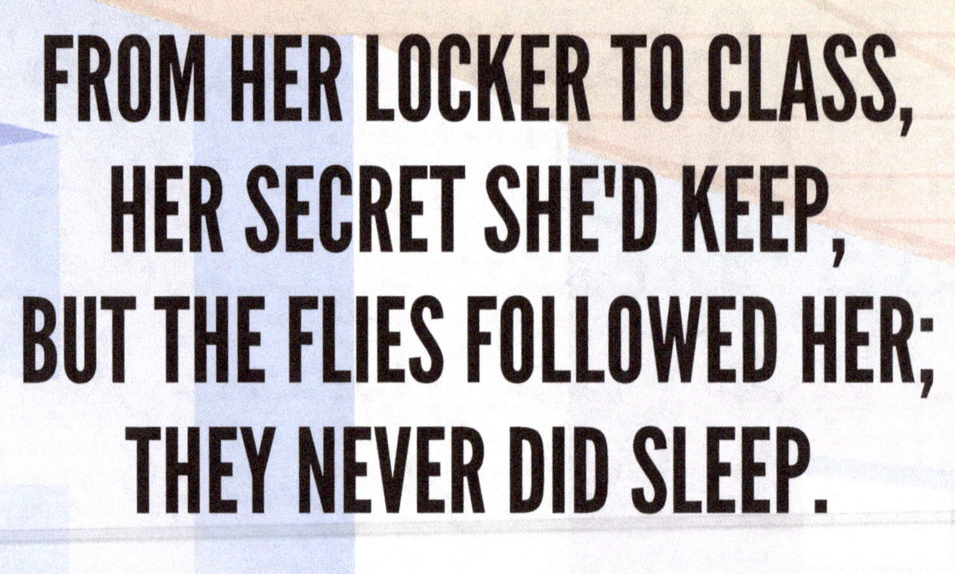

FROM HER LOCKER TO CLASS,
HER SECRET SHE'D KEEP,
BUT THE FLIES FOLLOWED HER;
THEY NEVER DID SLEEP.

من خزانتها إلى الفصل، ستحتفظ بسرها، لكن الذباب تبعها؛ لم يناموا قط.

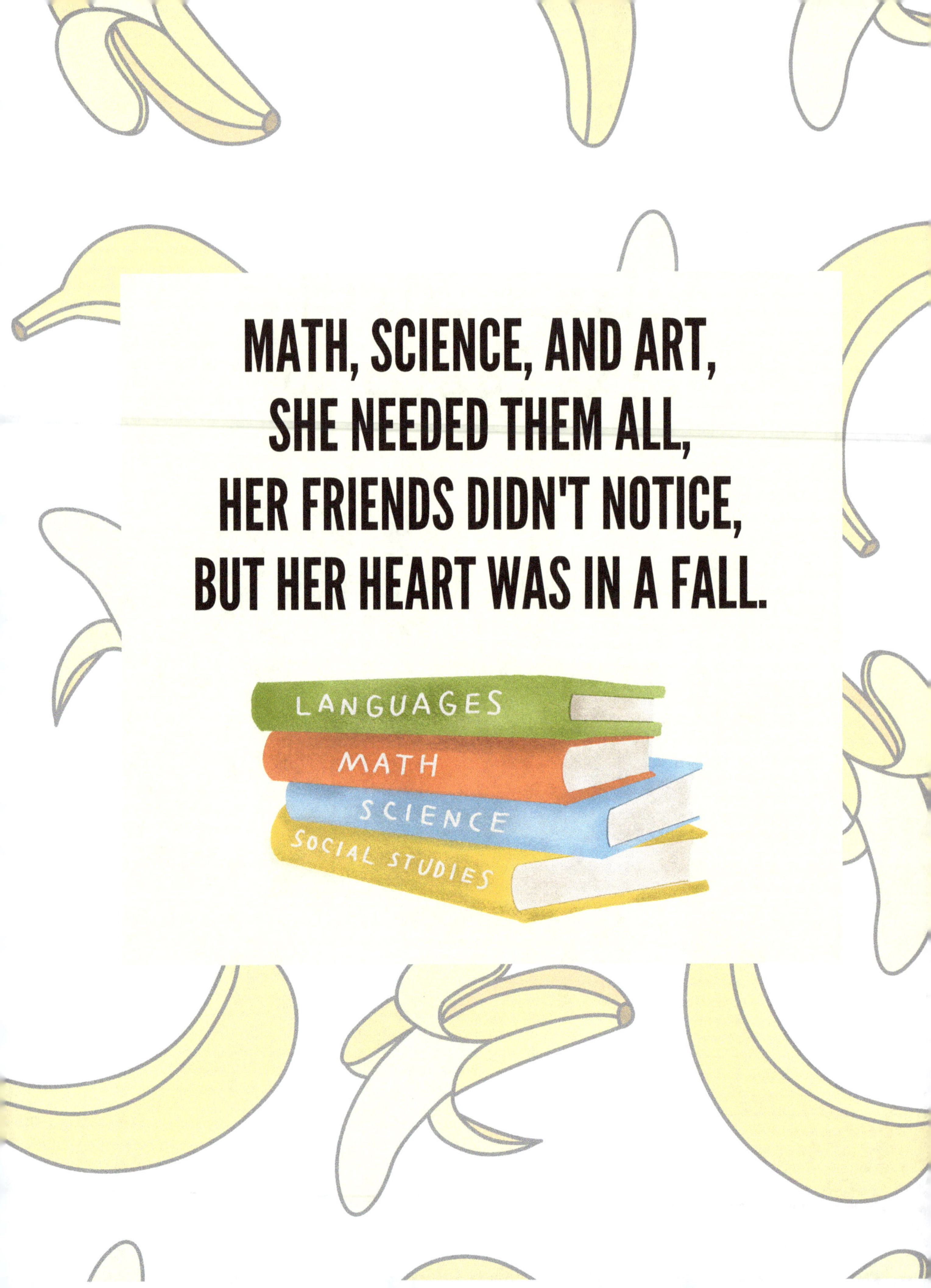

MATH, SCIENCE, AND ART,
SHE NEEDED THEM ALL,
HER FRIENDS DIDN'T NOTICE,
BUT HER HEART WAS IN A FALL.

LANGUAGES
MATH
SCIENCE
SOCIAL STUDIES

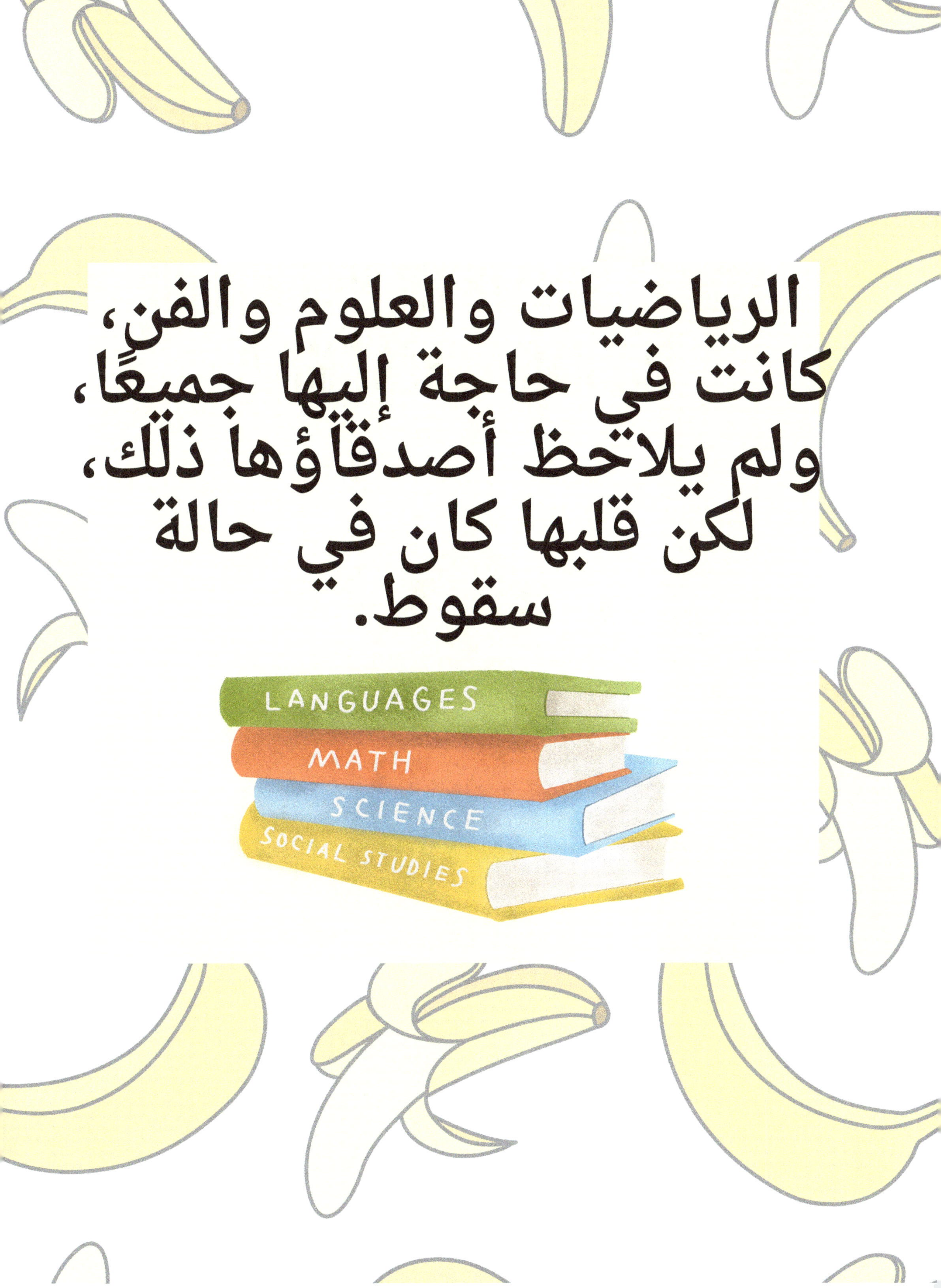

الرياضيات والعلوم والفن، كانت في حاجة إليها جميعًا، ولم يلاحظ أصدقاؤها ذلك، لكن قلبها كان في حالة سقوط.
LANGUAGES
MATH
SCIENCE
SOCIAL STUDIES

JENNY'S BEST FRIEND WHITNEY,
SO SMART AND SO KIND,
SENSED SOMETHING WAS WRONG,
SHE HAD A GREAT MIND.

ويتني، صديقة جيني المفضلة، ذكية جدًا ولطيفة جدًا، شعرت أن شيئًا ما كان خاطئًا، وكان لديها عقل عظيم.

AT LUNCHTIME, JENNY WHISPERED HER WOE TO HER FRIEND, WHITNEY SAID, "WE CAN FIX THIS, THERE'S NO NEED TO PRETEND!"

وفي وقت الغداء همست جيتي لصديقتها بحزنها، فقالت ويتني: "يمكننا إصلاح هذا، لا داعي للتظاهر!".

THEY GOT A BIG JAR AND
A NET OH SO THIN,
WHITNEY SWIPED THOSE FRUIT FLIES
WITH A DETERMINED GRIN.

لقد حصلوا على جرة كبيرة وشبكة رفيعة للغاية، لدرجة أن ويتني مسحت ذباب الفاكهة بابتسامة مصممة.

JENNY AND WHITNEY,
A TRUE TEAM INDEED,
CAUGHT ALL THE FRUIT FLIES;
THEY DIDN'T LET THEM PROCEED.

جيني وويتني، فريق حقيقي بالفعل، قبضوا على كل ذباب الفاكهة؛ لم يسمحوا لهم بالمضي قدمًا.

THE LOCKER WAS EMPTY,
THE FLIES WERE NO MORE,
JENNY COULD ACCESS HER BOOKS
LIKE NEVER BEFORE.

كانت الخزانة فارغة، ولم يعد هناك ذباب، وتمكنت جيني من ألوصول إلى كتبها كما لم يحدث من قبل.

JENNY WAS GRATEFUL,
WITH A SMILE ON HER FACE,
FOR HER WONDERFUL FRIEND,
IN ANY TIME OR PLACE.

كانت جيني ممتنة، بابتسامة على وجهها، لصديقتها الرائعة، في أي وقت أو مكان.

WITH THE SECRET OUT AND
THE LOCKER ALL CLEAR,
JENNY AND WHITNEY'S FRIENDSHIP
GREW STRONG, NO FEAR.

مع ظهور السر وكشف الخزانة، أصبحت صداقة جيني وويتني قوية، دون خوف.

THEY LAUGHED AND THEY GIGGLED,
OH, WHAT FUN IT WAS,
TO SHARE SECRETS WITH FRIENDS,
WITHOUT ANY PAUSE.

ضحكوا وضحكوا، آه، كم كان ممتعًا، مشاركة الأسرار مع الأصدقاء، دون أي توقف.

JENNY LEARNED A LESSON,
IT'S ESSENTIAL TO SEE,
TRUE FRIENDS HELP YOU OUT,
AND THEY'LL DO IT WITH GLEE.

لقد تعلمت جيني درسًا، من الضروري أن ترى، الأصدقاء الحقيقيون يساعدونك، وسيفعلون ذلك بسعادة.

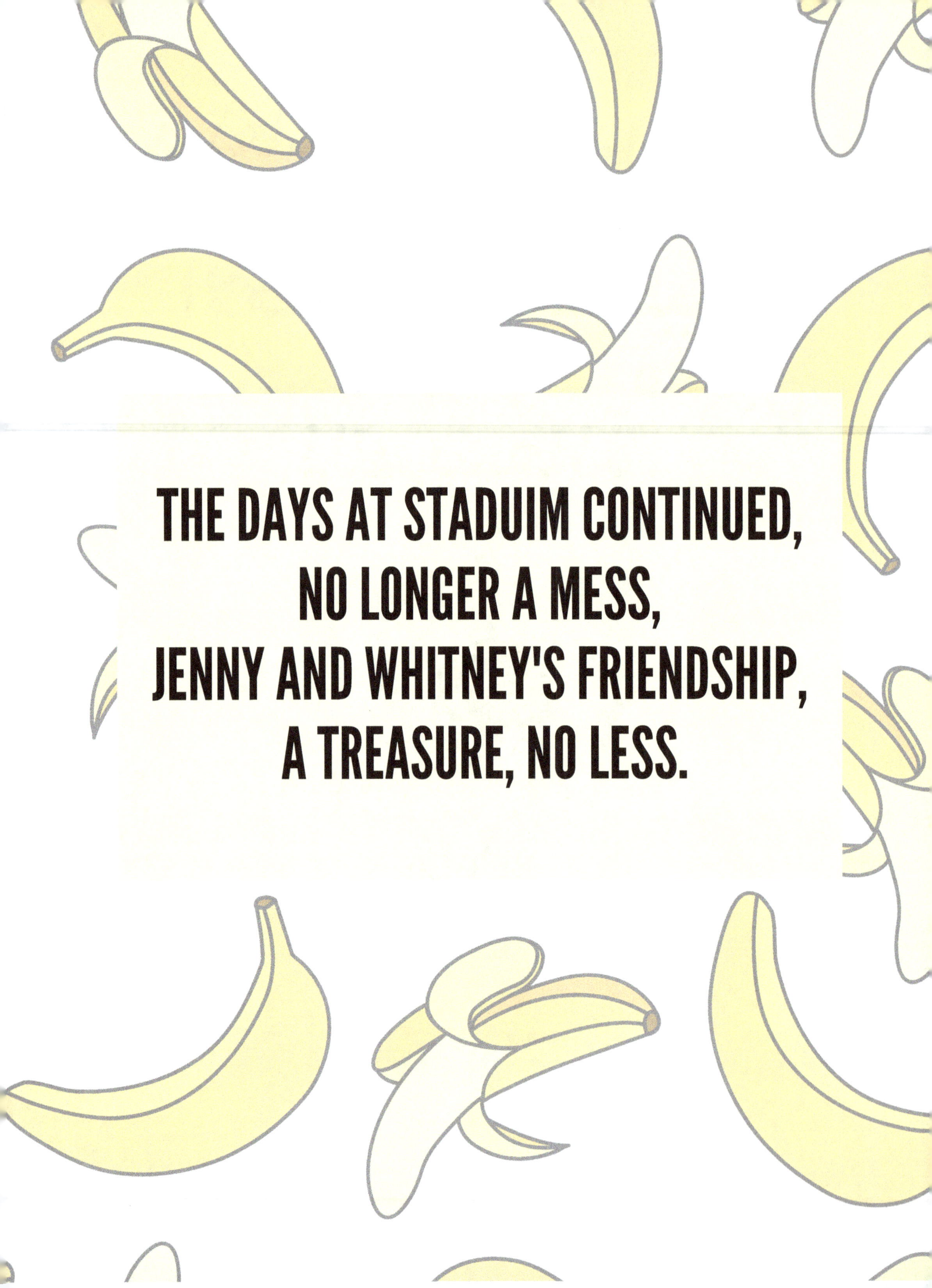

THE DAYS AT STADUIM CONTINUED,
NO LONGER A MESS,
JENNY AND WHITNEY'S FRIENDSHIP,
A TREASURE, NO LESS.

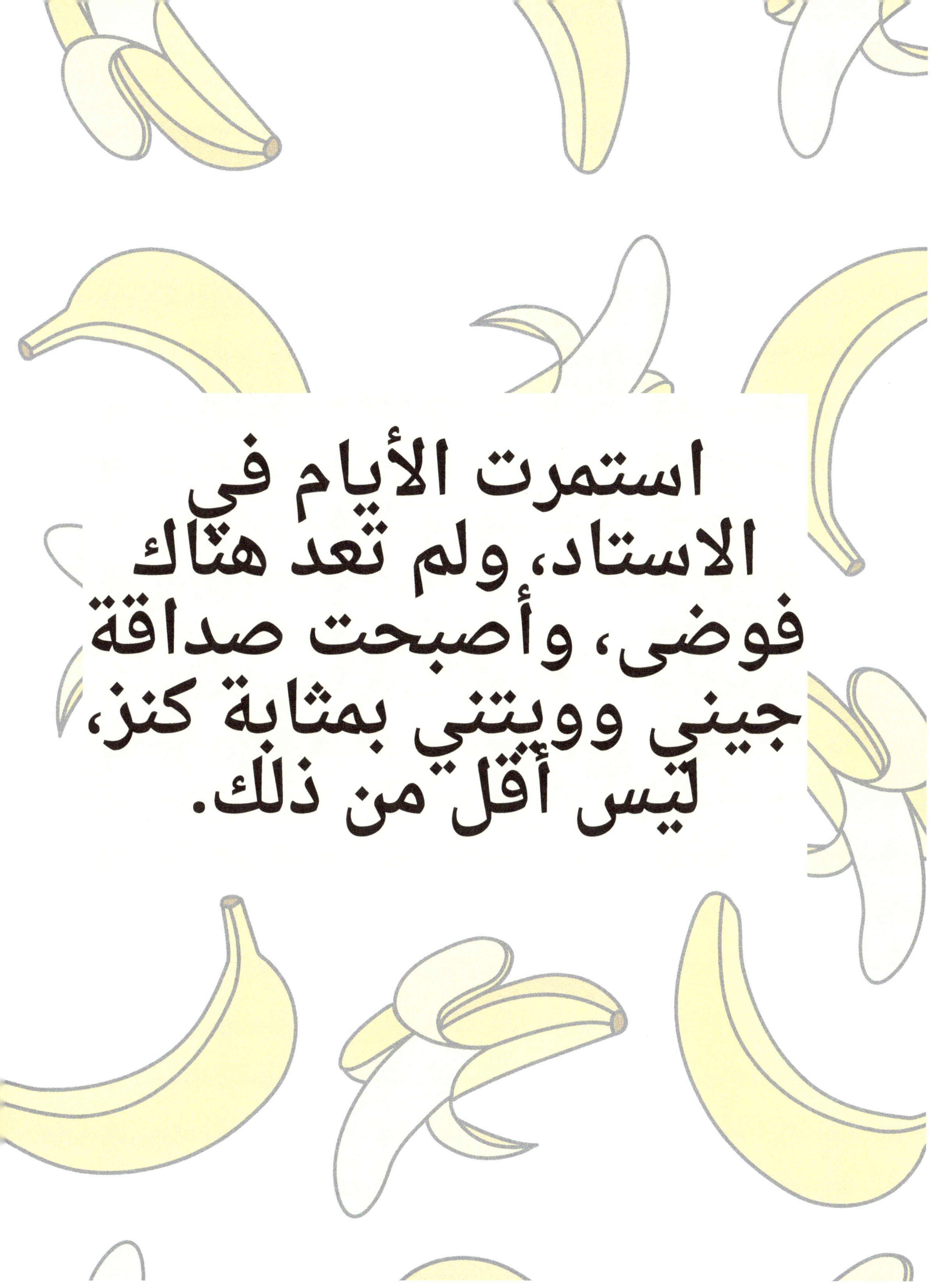

استمرت الأيام في الاستاد، ولم تعد هناك فوضى، وأصبحت صداقة جيني وويتني بمثابة كنز، ليس أقل من ذلك.

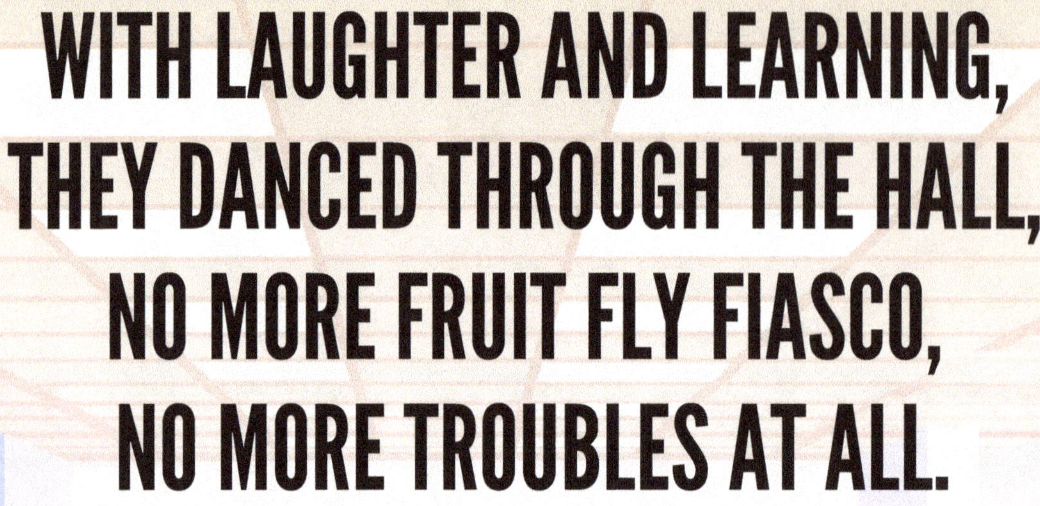

WITH LAUGHTER AND LEARNING,
THEY DANCED THROUGH THE HALL,
NO MORE FRUIT FLY FIASCO,
NO MORE TROUBLES AT ALL.

مع الضحك والتعلم، رقصوا في القاعة، لا مزيد من فشل ذبابة الفاكهة، لا مزيد من المشاكل على الإطلاق.

SO REMEMBER, DEAR CHILDREN,
THE STORY SO BRIGHT,
FRIENDS STAND BY YOUR SIDE,
IN THE DAY AND THE NIGHT.

لذا تذكروا، يا أطفالي الأعزاء، القصة مشرقة جدًا، الأصدقاء يقفون إلى جانبكم، في النهار والليل.

WITH FRIENDS LIKE DEAR WHITNEY,
YOU'LL NEVER FEEL BLUE,
JUST LIKE JENNY, WHO LEARNED THAT
FRIENDSHIP IS TRUE.

مع أصدقاء مثل عزيزتي ويتني، لن تشعر أبدًا بالإحباط، تمامًا مثل جيني، التي تعلمت أن الصداقة حقيقية.

IN THE SCHOOL OF YOUR DREAMS, WHERE ADVENTURES AWAIT, KEEP YOUR HEART OPEN, FOR FRIENDS ARE FIRST-RATE.

في مدرسة أحلامك، حيث تنتظر المغامرات، أبقِ قلبك مفتوحًا، فالأصدقاء من الدرجة الأولى.

AND JUST LIKE OUR JENNY,
YOU'LL FIND YOUR OWN WAY,
IN THE BRIGHT WORLD OF LEARNING,
WHERE YOU'LL GROW EVERY DAY.

ومثل جيني، ستجد طريقك الخاص، في عالم التعلم المشرق، حيث ستنمو كل يوم.

SO LET'S ALL BE LIKE JENNY,
KIND, BRAVE, AND SMART,
WITH FRIENDS BY OUR SIDE,
WE'LL EACH DO OUR PART.

لذلك دعونا نكون جميعًا مثل جيني، طيبين، وشجعان، وأذكياء، ومع وجود الأصدقاء بجانبنا، سيقوم كل منا بدوره.

WITH LAUGHTER AND LOVE,
AND LESSONS SO GRAND,
YOU'LL HAVE THE BEST TIMES IN THIS
WONDERFUL LAND.

مع الضحك والحب،
والدروس الرائعة،
ستقضي أفضل الأوقات
في هذة الأرض الرائعة.

THANK YOU, BYE!

اشكرك الى
اللقاء!

WHITNEY
JENNY

CARNIVAL RADIANCE
Carnival Radiance
Carnival

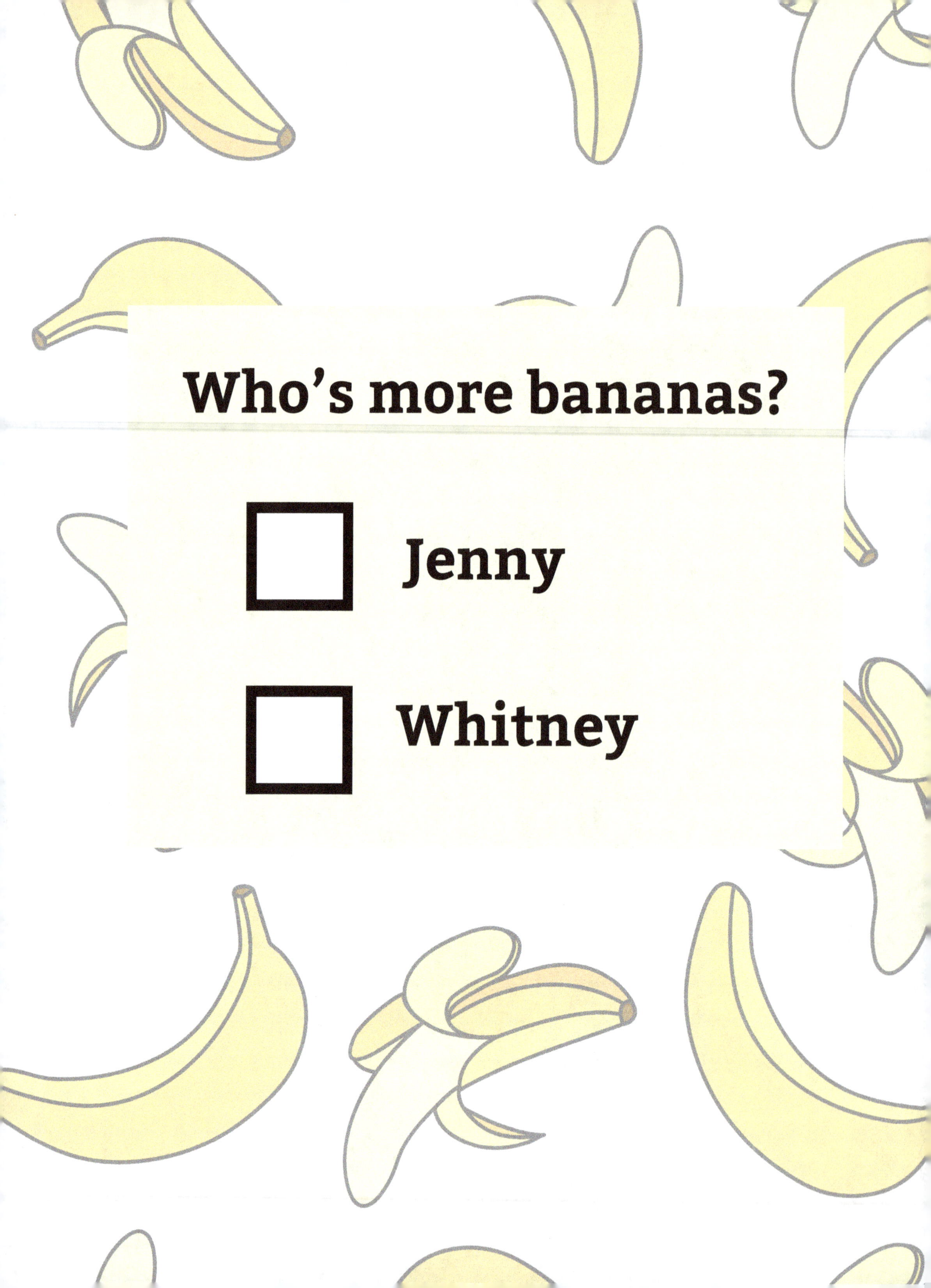

Who's more bananas?
Jenny
Whitney

من هو أكثر الموز؟
جيني
ويتني